Norbert Lechleitner

Mein Herz so schwer

In Tagen der Trauer

Wäre es uns möglich,
weiter zu sehen,
als unser Wissen reicht.
Vielleicht würden wir dann
unsere Traurigkeiten
mit größerem Vertrauen
ertragen
als unsere Freuden.

Rainer Maria Rilke

INHALT

Das Wort	5
Verzweiflung	13
Erstarrung	15
Sterben – scheiden	21
Tod	25
Schwachsein	29
Klage	35
Vollendet	40
Einsamkeit	48
Ergeben	53
Veränderung	59
Geborgen	61
Sehnsucht	67
Erinnerung	71
Wehmut	75
Verwandlung	80
Gewissheit	85
Abschied	90
Liebe	96

Kraftlos bin ich und ganz zerschlagen,
ich schreie lauter, als der Löwe brüllt.

Ps. 38,9

Tränen sind meine Speise geworden.
Bei Tag und Nacht, da man täglich mir sagt:
„Wo ist nun dein Gott?"

Ps. 42,4

Wie Rauch sind meine Tage entschwunden, meine Gebeine sind durchglüht vom Brand. Versengt ist wie Gras und verdorrt mein Herz; vergesse ich doch, mein Brot zu essen. Vor lauter Stöhnen und Seufzen bin ich nur noch Haut und Bein. Ich gleiche der Rohrdommel in der Wüste, bin wie die Eule in Trümmerstätten. Ich muss wachen und klagen wie ein einsamer Vogel auf dem Dache.

Ps. 102, 4-8

Hilf mir, o Gott! Denn das Wasser geht mir
bis an die Seele.

Ps. 69,2

Das Wort

das wort
ist gesagt

die atemluft abgesaugt
mein herz steht still

die diagnose

PANIKRAUM

MEIN stummer SCHREI

PANIKRAUM

Wie leben wir jetzt

achtsam
mutig
zärtlich
stunde
für
stunde

die angst
vor dem leiden
vor dem sterben
vor dem tod
vor dem verlieren
vor dem leersein

PANIKRAUM

die apathie
der welt
verstört mich
alle
rennen weiter
keinen
beunruhigt
das leiden
niemand
will sehen
was ihn hemmen
könnte

wohin
mich wenden
wer gibt hilfe
in unserer not

Wieviel gutes
ich dir
nicht geschenkt
was
alles fehlt
was
nicht gesagt
was
nicht geteilt

ach
nur ein hauch
eine berührung
ein wissen um
uns

kein wort
mehr
nur deine augen
deine
fingerkuppe
liebkosen
was
war

Verzweiflung

Wollte jemand meinen Schmerz wiegen und mein Leiden auf die Waage legen – sie wären schwerer als der Sand des Meeres. Wen wundert's, dass ich wirre Worte rede? Zu sterben wäre mir ein Trost in meiner Qual. Woher soll ich die Kraft nehmen, noch aushalten? Wie kann ich leben ohne Hoffnung?

Sinnlos vergeht die Zeit. Nacht für Nacht peinigt mich der Schmerz. Leg ich mich nieder, schleppen sich die Stunden; ich wälze mich schlaflos auf meinem Lager und erwarte den Morgen voll Ungeduld. Ganz ohne Hoffnung schwinden meine Tage.

Nein, ich werde meinen Mund nicht halten. Ich lasse meiner Zunge freien Lauf. Was mich verbittert, das schrei ich hinaus. Weshalb, Gott, quälst du mich mit Träumen, mit Sehnsucht und Verlangen und füllst mein Herz mit unsagbarer Angst?

Mir wäre es lieber, wenn du mich erwürgtest. Der Tod ist besser als dieses mein Dasein.

Nein, ich will nicht mehr kämpfen. Denn ohne Sinn ist mein Leben.

Nach Hiob, 6 und 7

Erstarrung

ich bin wie gelähmt
meine bewegungen
sind mechanisch
ich nehme sie kaum wahr
stimmen
dringen zu mir
wie von ferne
von jenseits
der wand aus beton
die mich einschließt
meinen leib
der mich einschließt
mein herz
das mich einschließt
mein ich
das mich einschließt
meinen gellenden schrei

du bist tot

lauter als meine qual
ist die leere
das erstickende
angst machende vakuum
deines unwiderruflichen weggangs

warum nur warum

die grenze des lebens
hast du
überschritten
mich
hast du zurückgelassen

mit scharfer klinge
nahm der tod
dir die zeit
schnitt
uns von einander
mir
verblutet
das herz

erstarrt
nehme ich wahr
den
unsagbaren schmerz
die erdrückende last
mein
allmähliches vergehen
als wollte ich
mich auflösen
um
dir folgen
zu können

deine letzte
geste
erstarrt
dein
letztes wort
verhallt
dein
letzter atem
verhaucht

nie wieder
deine
berührung spüren
nie wieder
dein
lachen hören
nie wieder
deine
augen sehen
nie wieder
in deiner
freude sein

Vorbei
unsere gemeinsamkeit
vorbei
unser miteinander
vorbei
unsere zuversicht
vorbei
unser leben

mein du
ist gegangen
mein ich
will sterben

vorbei
vorbei

nichts
ist vorbei

du bist
fortgegangen
du bist
nicht mehr hier
und doch
bist du
anwesend

ich weiß es

ich will
dich hören
sag
noch ein wort

ich will
deine berührung
gib mir
ein zeichen

noch einmal
deinen augenblick
auf mir
spüren

noch einmal
mich
in deinem
lachen
sonnen

doch
du kehrst
nicht mehr wieder

und ich
weiß nicht
deinen weg

könnte ich
doch bei dir
sein

wie soll ich
dich
jetzt denken

wie soll ich
dich
jetzt fühlen

wie soll ich
jetzt
leben

jetzt
hier
wo alles
sinnlos ist
leer
ohne dich

Schwachsein

Warum
habe ich dich
nicht
zurückhalten können
warum
habe ich
das
nicht kommen sehen

warum
habe ich
mich nicht
mehr
um dich
gekümmert

warum
habe ich dich
nicht
mehr geliebt

Was
hätte ich
noch tun sollen

was
hätte ich
noch sagen sollen

was
wäre leichter
für dich
geworden

ich habe angst
vor dir
versagt
zu haben

ich bin
voller wut
dass
ich dich
nicht habe
retten
können

ich bin
verzweifelt
über
meine schwäche

ich klage mich an
das unmögliche
nicht möglich
gemacht
zu haben

ich fühle mich
schuldig
weil
ich dein
schicksal
nicht habe
abwenden können

ich schäme mich
meiner
engherzigkeit

vergib mir
wenn du
dort bist
wo
aller
menschlicher
makel
überwunden ist

immer wieder
jammere ich
um mein
kleines bisschen
leben

das ist
leichter
als meiner klage
über deinen
tod
gedanken
zu geben
viel
einfacher
als das
unbegreifliche
zu benennen

denn
worte
reichen
nicht

ich bin
ganz schmerz
jede faser
schmerzt
jedes haar
schmerzt
jede bewegung
schmerzt
jedes geräusch
schmerzt
jede farbe
schmerzt

mein leben schreit
den schmerz
über deinen
tod

Wie kann
die sonne scheinen
da du
doch gestorben
bist

wie kann
die welt so tun
als sei
nichts passiert
da du
doch gestorben bist

wie kann
der sekundenzeiger
vorrücken
so gleichgültig
da du
doch gestorben
bist

ich will fort
fliehen
vor dieser
normalität
den hohlen
notwendigkeiten
sie haben
keine
gültigkeit
keine
bedeutung für mich

denn
die mitte meines
lebens ist mir
genommen

Vollendet

Welch großer
schock
ist diese
endgültigkeit

unwiderrufbar
unabänderlich
unwiederbringlich

dein leben
ist zu ende

ihm kann
nichts mehr
hinzugefügt
nichts mehr
genommen
werden

korrekturen
sind
nicht mehr
möglich

alle möglichkeiten
sind
erschöpft

der tod
ist der
schlussstrich

das werk
ist
vollendet

die realität
ist
besiegelt

Verwaist
sind die hoffnungen
die träume
die wünsche

für dich
gibt es
nichts künftiges
in dieser welt

Was bleibt
ist
was du
verändert hast
seit deiner geburt
durch
dein leben
durch
deine beziehung
zu anderen
durch
dein sprechen
und handeln
durch
deine besondere art
die welt zu sehen

du hast uns
reich
gemacht

So viel
habe ich
von dir empfangen
freude und ernst
liebe und zärtlichkeit
hilfe und kraft
schmerz und auch
schönheit

Wie hat deine nähe
mich verwandelt
was war ich
für dich
was haben wir
einander bedeutet
das alles bleibt
und das
ist mein anker
der mir halt gibt
im bodenlosen

Einsamkeit

ich bin
eine wunde
mein blick
ist trübe
meine stimme versagt
mein atem
ein röcheln
mein herz gebrochen
mein rückgrat durchbohrt
mich
meine hände
sind erlahmt

ich schleppe mein ich
durch stunden
und tage
bin mir selber
zuviel
kann mich
kaum noch
ertragen
und möchte mich
abwerfen
wie einen haufen
ballast

manchmal nur
nachts
wenn ich
erschöpft bin
vom stummen
klagen
wenn meine
kehle rau ist
vom stummen schreien
wenn meine
augen wund sind
vom stummen weinen
dann hülle
in meinen schmerz
ich mich ein
wie in eine
heilende decke
aus zärtlichkeit

ich umarme dich
schmerz
vertrauter
meiner schwarzen zeit
du führst mich
tiefer
zu mir
als ich
je mir war

du zeigst mir kammern
und heimliche verstecke
in meinem
selbst
die ich
vor meiner
erkenntnis
verborgen hielt

du forderst
mich heraus
zu tragen
was nicht
zu ertragen ist

du zwingst mich antworten
auf nicht gestellte fragen
zu finden

du zerfetzt mich
und
du flickst mich

du presst mich aus
und
du erfüllst mich

du machst
mich elend

Und doch
lebe ich durch dich

du bist
mein meister
und
du lehrst mich demut

wie gut
dass du
bei mir bist
gesandter meiner
liebe

heute
habe ich
eine amsel
gehört

entsetzt
hielt ich mir
die ohren zu
weil ich dachte sie
verhöhnt mich

dann
fing ich an
zu weinen
weil ich
das leben
so hasste
da
meine wut
sich bezwingen ließ
vom lied
eines vogels

Geborgen

beim schreiben
der danksagungen
erinnere ich mich

ja ich habe
haltung bewahrt
nein ich bin
nicht zusammengebrochen
am grab
vor allen menschen

die mich kennen
wussten
dass ich kaum wirklich
anwesend war
verkrochen
verbarrikadiert
verhüllt
in einem panzer
aus selbstschutz

nein
nicht mich selbst
wollte ich schützen
sondern
die lodernde flamme
in mir
das grausame
brennen
meines schmerzes
dessen zehrung
ich bin

Verwandte und bekannte
waren da
freunde und nachbarn
haben sich
hilfreich gekümmert
haben
liebevoll gesorgt
standen mir
selbstlos zur seite

gäste
lachten auch
und viele
freuten sich
des wiedersehens

auch kinder
rannten herum
die schon zu lange
stille halten mussten

So viel begleitung
nähe und hilfe
tut gut
so viele
gute worte
wurden gesagt

ich bin
nicht allein

aber die besuche
und die anrufe
sind weniger geworden

alle trauergäste
sind wieder
in der
normalität
ihres alltags
gefangen

doch für mich
gibt es
nichts gewohntes
mehr
das leben
das war
geht nicht weiter

alle meinen es gut mit mir
sagen mir
hilflos
die formeln
der ermutigung
und der
zuversicht

doch auch
nach monaten
werde ich mich
sehnen
nach einem freund
der einfach
nur da ist
und
mit mir
schweigt

Sehnsucht

Wie aus einem hinterhalt
springt die leere
mich an
die
an deiner statt gekommen ist

ich taumle
vor schrecken
wenn ich dein
leeres bett sehe
dein stuhl
am tisch
bleibt leer

teller und glas
brauchst du
nicht mehr

Wie ein wildes tier
faucht die stille
mich an
die
an deiner statt
gekommen ist

ich halte
voller qual
mir die ohren zu
weil ich
nach deinem wort
mich sehne deinen klang
vermisse
die geräusche
deiner
lebendigkeit

ich lege mich
in dein bett
setze mich
auf deinen stuhl
erinnere mich
an deine stimme
suche deine gesten
deine augen
dein lachen
deine berührung
um dir
so nahe
wie möglich zu sein
und
habe plötzlich
panische angst
dich auch
in meiner
erinnerung
zu verlieren

Erinnerung

Wie im fieber
suche ich
nach erinnerung
berühre
alles
was dir gehörte
versuche
seine geschichte
und seine bedeutung
zu begreifen

mit jedem gegenstand
verknüpfe ich
erinnerung
und hebe
seinen wert
ins unermessliche

im rausch
presse ich
meine lippen
auf ikonen
unserer gemeinsamkeit
auf reliquien
deines geliebten
lebens
und weine
tränen der beschwörung

in meine erschöpfung
drängt sich
die verzweiflung
darüber
nur dinge
zu beühren
wo ich das
unabdingbare
suche

ich will
die erinnerung
mit worten
verknüpfen
um sie zu bewahren

besuch kommt nun
weniger oft
und ich möchte
uns nicht
auf erzählte anekdoten
reduzieren

ich will
aufschreiben
was ich dir
alles sagen
möchte
von uns
für
all meine zeit

es ist schwierig
ich weiß nicht
wo beginnen
es tut weh
nach worten
zu suchen
die vergangenheit
ihren wert
zu benennen
es scheint mir
wie frevel
zu sein

ich beschließe
dir
einen brief
zu schreiben
einen klassischen brief
mit der hand
geschrieben
auf papier

tränen
tropfen
auf das
blatt
geben ihm
mehr bedeutung
als meine
worte
allein
es vermöchten

und hoffe
beim schreiben
auf deine
nachricht
dass es
dir gut geht
dort
wo du
jetzt bist

Verwandlung

beschämt fast
bemerke ich
dass mein
schriller schmerz
sich gewandelt hat
und
bleigraue trauer
mich nun
durchdringt

als sei in mir
ein riesiger raum
entstanden

was mich erfüllte
ist eingestürzt
zertrümmert
herausgerissen
fortgespült

alles
habe ich verloren
meine liebe
mein leben

und manchmal
ist diese
innere leere
erfüllt
von stille
die
nichts beängstigendes
hat
vielmehr
ruhe schenkt
und stille
wachheit

darein
lasse ich mich
fallen
körperlos
schwerelos
gedankenlos
weiß nicht
wo ich bin
weil ich
ganz schweigen
bin
nackt
und bloß
bin
ohne grenze
ohne empfindung
geborgen
versunken
in einem stillen meer
aus trauer
mitsterbend
mit dir

in diesem ozean
des schweigens
höre ich
deine stimme
du sprichst
zu mir
und
ich bin
nicht überrascht

durch den
dunklen nebel
meiner melancholie
taste
ich mich
behutsam vor
will
deiner stimme
nahe sein
und
bin auf einmal gewiss
du bist
in meinem herzen

ein sonnenstrahl
unaussprechlicher freude
durchglüht mich
du bist da

neu
verwandelt
denn
wo
solltest du auch sein
wenn nicht
in den herzen
derer
die
dich lieben

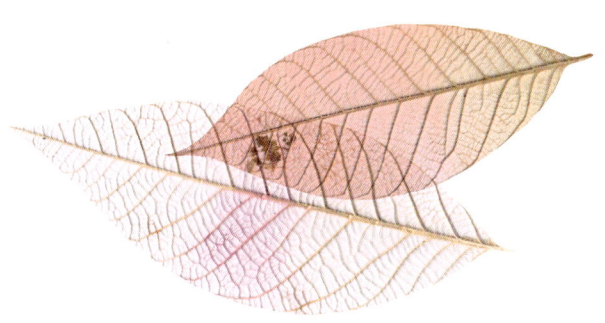

nein
ich habe dich
nicht verloren
weil
ich dich
nie
besitzen wollte

ich habe
deine liebe
nicht verloren
weil
du sie mir
nie
genommen hast

ich habe
meine liebe
nicht verloren
weil
ich noch immer
lieben
kann

ich habe
unser leben
unser glück
gelebt

ich habe
diesen reichtum
den das schicksal
mir nicht
nehmen kann

wie ein kind
weine ich
tränen
der dankbarkeit

gestern erst
viele wochen nach
deinem tod
habe ich
von dir
abschied
genommen

wie liebende
sich verabschieden
oder
sehr gute freunde
eingedenk
der
vorigen freuden
und
zuversichtlich
des künftigen
glücks

ich habe
meine hand
geöffnet
die
dich nicht loslassen wollte

ich habe
mein herz
geöffnet
das dich verschlossen
hielt

ich habe
mich
offen gemacht
weil
ich verstanden habe
dass du
mir nicht gehörst

du warst
und du bist
nicht
mein eigentum

du bist
meine liebe
und
liebe
besitzt nicht

und nie
in meinem leben
war meine liebe
zu dir
tiefer
als in dem augenblick
da ich
sagen konnte

gehe in frieden

Obgleich
es mir
das herz
zerriss
bei unserem
abschied
fühlte ich
die große
ruhe
der gewissheit
dass alles
gut ist
dass du
vorausgegangen bist
und mir
die spuren zeigst
denen ich folgen
werde

der abschied
ist zugleich
der abschied
von dem leben
das war
von dem menschen
der ich war
ein abschied
von der angst
vor dem
was sein wird
vor dem
der ich
sein werde

unter qualen
und tränen
hat dein tod
mich
neu geboren

tief
hat der schmerz
in mir
gegraben

das gefäß
meines lebens
hat er
erweitert
hat
mein herz
größer gemacht
als es je
vorher war

jetzt
weiß ich
dass ich
mehr leiden
tragen kann
als ich
von mir
wusste
dass mehr
freude
mich erfüllen
kann als ich
jemals
ahnte

ich kann
mehr empfangen
so kann ich
auch
mehr geben
und
ich kann
nichts verlieren
weil ich
nichts besitzen
kann
dein leben nicht
auch meines nicht

Uns gehört
nur
der augenblick

und den
will ich
leben
so gut
ich kann

in der gewissheit
zu lieben
und
mit dir zu sein
denn
du bist nicht
gestorben weil
ich dich
in meiner liebe
bewahre

Alles weicht der Zeit
und wird alt,
nur die Liebe nicht,
sie wird nicht einmal
durch den Tod
unterbrochen.

Aurelius Augustinus

Echte Trauer bedeutet gerade nicht Ohnmacht.
Trauer und Liebe erfordern beide ein Erlebnis
der inneren Kraft, der inneren Lebendigkeit.
Erich Fromm, Interview

Das letzte Wort des Textes ist gelesen. Im inneren Nachhall sind mir Aufruhr, Schmerz und Trauer dennoch geblieben. Spüre ich Angst? Und Furcht vor dem Schaden, der den Beziehungen droht, die mein Leben bestimmen und alles, was ich liebe? Kein Gedanke, kein Wort hebt die überwältige Dringlichkeit der Emotionen einfach auf. Ich habe doch nur Gedanken und Worte zur Verfügung, um das zu fassen, was mich leiden macht. Die Worte dieses Textes sind mir nur Trittsteine durch meine Qual. Vielleicht sind sie auch ein Liebesgedicht.

Die Trauer begann schon mit der Gewissheit des bevorstehenden Todes meines geliebten Menschen, als Hoffnung und Angst einander abwechselten und Hoffnungslosigkeit sich in Aufruhr wandelte, sogar in stille Wut. Ich war hilflos und wusste nicht, wohin mit meiner Erbitterung. Hiob schmähte seinen Gott. In meiner Ohnmacht werde ich weder Ärzten noch Pflegerinnen Vorwürfe machen. Auch mein Schicksal verfluche ich nicht. Meine innere Erregung stürzt mich in keine Depression. Ich nehme den Tod und die Trauer an.

Die direkte Konfrontation mit dem Sterben zwingt mich zu hinterfragen, wie ich bisher über mein Leben gedacht und wie ich gehandelt habe.

Ich muss herausfinden, was mir mein Leben und meine Endlichkeit bedeuten. Der erlittene Verlust macht mir schmerzhaft bewusst, welchen Lebenswert ich und andere verloren haben. Immer eindringlicher erkenne ich, wie wichtig und sinngebend dieses vergangene Leben, dieses zerrissene Miteinander, dieses unwiederbringliche Teilen für mich gewesen ist.

Meine gewohnte Welt ist verschwunden. Die mit dem Leben dieses mir lieben Menschen erfüllte Welt gibt es nicht mehr. Ein neuer Raum ist entstanden. In seine Leere horche ich zaghaft hinein. Meine Welt verwandelt sich. In ihr leuchtet die Erfahrung meiner beschenkten Zeit.

Trauer und Leid sind auch Hinwendungen zum Ich. Bevor sich Trauer in Mitleid mit mir selber entwickelt, will ich mich den mitleidenden Verwandten, Freundinnen und Freunden zuwenden. Mit ihnen teile ich den Schmerz. Den Schwächeren in der Trauer beizustehen, wandelt auch meine Verfassung.

Meine Trauer ist eine Bereicherung meines Lebens. Sie ist die neue, die schmerzerfüllte Sprache meiner Liebe und meiner Dankbarkeit. Die Hinwendung in Liebe lässt mich im Alltag die kleinen Ereignisse und schönen Momente wieder bemerken; ich werde sie notieren. Das beruhigt meine Emotionen ein wenig, und aus der Tiefe des eigenen Elends lerne ich »den gestirnten Himmel über mir« wiederum erkennen.

Die Verlagsgruppe Patmos ist sich ihrer Verantwortung gegenüber unserer Umwelt bewusst. Wir folgen dem Prinzip der Nachhaltigkeit und streben den Einklang von wirtschaftlicher Entwicklung, sozialer Sicherheit und Erhaltung unserer natürlichen Lebensgrundlagen an. Näheres zur Nachhaltigkeitsstrategie der Verlagsgruppe Patmos auf unserer Website www.verlagsgruppe-patmos.de/nachhaltig-gut-leben

Zum Autor:
Norbert Lechleitner war viele Jahre lang verantwortlicher Lektor in einem großen Verlagshaus sowie Autor, Übersetzer und Herausgeber zahlreicher Bücher zur lebensbegleitenden Philosophie. Heute ist er als freiberuflicher Autor tätig. Norbert Lechleitner lebt in Freiburg i.Br.

Bildnachweis:
plainpicture/Danel (Umschlag, S. 58), iStock/gadost (S. 2, 56/57, 64/65), iStock/andipantz (S. 5, 40, 48, 96), iStock/leonovo (S. 8/9, 38/39, 50/51, 88/89, 98), iStock/rootstocks (S. 10, 27, 62, 85), iStock/NNehring (S. 12, 76), plainpicture/ganguin (S. 15), iStock/mashuk (S. 17, 24), iStock/Victorburnsid (S. 18, 101), iStock/Alexandr_Krotov (S. 21, 35), iStock/Ralph Kuda (S. 25, 80), plainpicture/Ingrid Michel (S. 35), iStock/Kseniia Soloveva (S. 29, 47, 94/95), shutterstock/Zikatuha (S. 52, 71, 90), shutterstock/ultramansk (S. 61), plainpicture/Sally Mundy (S. 75).
Grafische Elemente: istock: Carla Nichiata, Plateresca, susib. shutterstock: Elena Akimova, Elovich, Kolonko, vadim.ivanchin, Zinaida Zaiko.

Alle Rechte vorbehalten
© 2023 Verlag am Eschbach,
Verlagsgruppe Patmos in der Schwabenverlag AG, Ostfildern
Im Alten Rathaus/Hauptstraße 37
D-79427 Eschbach/Markgräflerland

www.verlag-am-eschbach.de

Gestaltung und Satz: Angelika Kraut
Kalligrafien: Ulli Wunsch, Wehr
Herstellung: Grafisches Centrum Cuno GmbH & Co. KG, Calbe
Hergestellt in Deutschland
ISBN 978-3-98700-005-8

 Dieser Baum steht für umweltschonende Ressourcenverwendung, individuelle Handarbeit und sorgfältige Herstellung.